LA RÉVISION

DE LA CONSTITUTION

3069.83. — IMPRIMERIE D. BARDIN ET Cᵉ, A SAINT-GERMAIN.

LA RÉVISION

DE LA

CONSTITUTION

BASÉE SUR UNE NOUVELLE ÉNONCIATION

DES

DROITS DE L'HOMME

PAR

LE COMTE DE ****

En dehors de l'égalité, la dignité
humaine périt, la liberté s'éclipse,
la justice n'est qu'un vain mot.

PRIX : **75** CENTIMES

PARIS

HENRY ORIOL, ÉDITEUR

11, RUE BERTIN-POIRÉE, 11

Tous droits réservés.

PRÉFACE

Les choses de la politique offrent actuelle-
ment un affligeant spectable aux yeux même
des plus optimistes. Certes, la France républicaine ne se porte pas plus mal, à tous égards, que
les plus prospères des États monarchiques de
l'Europe ; l'ordre de choses qu'elle institue mar-
que une avance décidée en sa faveur sur toutes
les autres puissances. Malgré cela, on ne peut nier
qu'une regrettable déperdition de forces ne soit
l'effet d'une discordance profonde dans le jeu des
énergies sociales. On ne cingle pas à pleines
voiles vers les terres heureuses signalées depuis longtemps comme le but de la traversée
par ceux dont le regard sait explorer l'horizon ;
on n'avance que par petites bordées, en lou-
voyant, lames toujours debout, navire désem-
paré et sans boussole. L'étrange éparpillement
des opinions, le piétinement sur place des
assemblées, les déceptions auxquelles il faut

que se résignent les classes laborieuses, qui, vainement, ont eu foi dans le gouvernement démocratique, le langage hardi et les conspirations à ciel ouvert des partis hostiles, ce sont là des faits qui démoralisent et qui témoignent d'un grand désarroi dans l'esprit public.

Il est triste de voir notre République, par le fait de nos gouvernants, se traîner à la remorque des monarchies, s'enquérir anxieusement de ce qu'elles peuvent penser afin de s'y accommoder, imiter leurs tortueuses diplomaties, rivaliser avec elles de chétives ambitions, mais sous la condition bien expresse, grand Dieu ! de ne pas les offusquer, ravie d'obtenir leur sardonique assentiment. Quoi ! c'est ainsi qu'on avilit l'idée républicaine ! Elle qui est le rayonnant avenir, elle qui est la rédemption après laquelle soupirent les peuples, elle qui place la nation qui l'incarne en elle à la tête de la civilisation, et qui fait surgir dans les âmes de hautaines fiertés et d'indomptables énergies, elle qui fait trembler le sol sous les pas des monarques et transforme en hommes les *hordes d'esclaves*, quoi ! c'est elle qui va la tête basse, et se laisse bafouer par de vils régimes ! D'où vient donc ce renversement des choses ?

Nos hommes d'État, suivant le rituel royal, donneraient volontiers du « Mon cousin » aux potentats les plus compromis, lorsque d'ailleurs ils ne recueillent que le mépris pour prix de tant d'obséquiosité ; quant aux peuples, on ignore s'ils existent ; hormis le monde officiel, ils ne comptent pas. Aussi qu'arrive-t-il ? La gent princière ne se relâche en rien de l'antipathie active que nous leur inspirons, et notre nom prononcé à l'étranger n'excite que de l'irritation chez ceux qui, en d'autres temps, auraient fraternellement espéré en nous.

A quoi faut-il attribuer le malaise dont nous souffrons et les contradictions qui se livrent bataille au milieu de nous ? C'est, au moins extérieurement, aux vices d'une Constitution, qui, ayant été confectionnée par des mains réactionnaires, infecte de monarchisme, en dépit d'eux-mêmes, ceux qui y touchent pour la faire fonctionner et paralyse les meilleurs. Nous ne voulons ici ni en refaire l'historique, ni la critiquer pièce à pièce ; nous ajouterons même qu'il n'est pas dans notre esprit que tout doive en être répudié. Qu'il nous suffise de rappeler la monstruosité des élections sénatoriales, le hameau pesant autant qu'une grande cité devant le scrutin, et de faire observer que la Constitution qui nous régit est la mise en pratique du fameux adage d'un néophyte de soixante-quinze ans, converti sur le tard, trop tard pour qu'il y vît tout à fait clair : « La République sans les républicains ! » Que les grands commandements militaires aient été remis aux pires ennemis de l'État, que les postes élevés dans l'armée aient été confiés à des princes, c'est encore une des beautés que la Constitution a fait éclore, ou du moins c'est un fait absolument conforme à son esprit et qui donne la mesure de la sécurité qu'elle promet à un peuple jaloux de sa liberté.

D'autre part, la politique d'à présent n'a pas de principes et l'on peut en donner plusieurs raisons.

L'opportunisme, qui se décerne volontiers le titre de politique expérimentale et scientifique, n'est au fond qu'un scepticisme théorique renforcé par le besoin de transiger avec les enivrements de la grande vie aux séductions de laquelle on s'est laissé amorcer. L'opportunisme donc, ce républicanisme dont on a extrait la moelle, c'est-à-dire le sentiment de la fraternité humaine, pour y substituer des exigences de tempérament, a déprimé l'antique intégrité de l'âme républicaine ; il s'en est suivi qu'à la politique de principes s'est substituée une politique empirique faite de défaillances et d'expédients. On est fondé à faire ce double reproche à l'opportunisme, qu'il laisse la République démantelée accessible de tous les côtés à un coup de main de la part des conspirateurs, et qu'en outre il a fait perdre à l'idée démocratique cette puissance d'expansion qu'elle possédait jadis, et qui en, 1848, pensa renouveler la face de l'Europe.

Et puis, par le fait, il n'y a pas de principes, ou ce qui revient au même, ceux qui jusqu'ici ont eu le privilège de régner sur l'opinion, sont d'une notoire insuffisance. C'est peut-être l'excuse de ceux qui les remplacent par une virtuosité savante. — Mais dira-t-on, les principes de 1789? — Sans doute, on ne peut en contester l'immense portée, surtout si on les replace à l'heure où ils furent proclamés ; mais, de nos jours, leur impuissance est un fait avéré. Depuis bientôt cent ans, la société s'agite en efforts surhumains pour s'édifier dans l'esprit de ces principes, et elle n'y réussit pas. Le régime parlementaire qui en procède, est désormais condamné ; il ne peut être qu'un instrument de domination oligarchique. C'est la conviction de tous ceux qui ont un tact délicat du droit et de la justice, la Révolution n'a pas touché le fond de la vérité sociale, et le marasme va fatalement succéder aux agitations stériles, si une nouvelle semence d'idées ne vient pas faire fermenter les intelligences, les porter au-dessus d'elles-mêmes et leur découvrir des perspectives inconnues.

Nous n'avons pas cette outrecuidance de croire que nous apportons au monde un Évangile nouveau ; nos plaintes ne sont que l'écho de nombreuses voix, et le travail que nous entreprenons ne fait que donner une forme arrêtée à des idées qui flottent dans l'air à l'état d'aspirations diffuses. Au reste, si nous touchons aux Tables de la Loi révolutionnaire, ce n'est pas pour abolir cette loi, c'est pour l'amplifier et la préciser davantage, c'est pour en creuser plus avant la gravure dans le marbre sur lequel nous voulons l'inscrire. Tout notre dessein se réduit à essayer de porter les principes anciens au niveau de la science sociale contemporaine, de les mettre d'accord avec la conscience publique, telle que l'a faite l'expérience d'un siècle. Nous voudrions que l'opinion éclairée pesât de son influence souveraine sur les travaux du futur Congrès, de telle sorte que les remaniements apportés à la Constitution fussent justifiés devant une raison prévoyante et sûre d'elle-même. — Mais, pour que nos aperçus prennent leur véritable sens dans l'esprit du lecteur, il est indispensable qu'ils soient précédés de la doctrine de laquelle ils dérivent ; nous commencerons donc par donner un exposé succinct de notre conception du droit.

LA RÉVISION

DE LA CONSTITUTION

CHAPITRE I

LE DROIT

Le droit s'entend en des acceptions diverses ; il désigne soit la respectabilité attachée à la dignité de l'homme et à l'excellence de ses attributs, soit l'ordre des institutions établies, soit la revendication autorisée de la justice sociale. Il est d'après cela successivement le droit abstrait et virtuel, le droit concret et en acte, puis le droit revendicatif, promoteur des derniers et décisifs progrès.

I

Le droit, en un sens très général, est la dignité de la personne humaine, en tant qu'elle se révèle aux personnes et leur crée des devoirs.

Le droit ainsi entendu ne signifie rien autre chose sinon que l'homme a droit au respect, ou que les hommes se doivent de mutuels égards.

Tous les hommes sont égaux en tant que personnes juridiques ; ils sont tous des êtres de droit et égaux en droits. Qu'ils ne possèdent ni les mêmes talents, ni les mêmes forces physiques, c'est ce que font remarquer avec complaisance les amis des castes et des privilèges ; mais qu'importe ? tous les hommes savent, à l'aide de la raison, percevoir les rapports des choses, relier le présent au passé pour prévoir l'avenir ; tous ils sont capables de discerner le juste de l'injuste, et de sympathiser avec leurs semblables ; tous ils souffrent pareillement d'une injustice commise, un fellah des villages d'Égypte tout autant qu'un député au Reichstag ; les hommes sont donc égaux devant le droit, et ils le sont par la noble faculté de raison, qui ne s'est pas plus tôt levée dans leur pensée qu'elle y fait naître la conscience et la sensibilité morale.

II

Cependant l'homme pris hors de la société n'est qu'une abstraction, l'homme réel est l'homme social. Pressés par l'instinct de sociabilité et par leurs besoins, les hommes s'unissent pour la défense de leurs intérêts. La société se forme et elle exprime le droit ; c'est alors le droit positif et concret, le droit identique aux lois organiques de l'État.

La confusion des deux sortes de droits, le droit abstrait ou *naturel* d'un côté, et le droit *positif* de l'autre, est ce qu'il y a de plus propre à troubler les consciences. Il importe donc de les distinguer nettement. Le droit de recueillir le fruit de son travail et d'en jouir est pour tout le monde un droit sacré. Mais jusque-là il n'est pas défini ; il attend pour s'exercer et entrer dans les faits que le législateur, bien ou mal inspiré, selon les temps, en ait déterminé l'usage ; il n'est encore que le droit naturel. La terre sera-t-elle un objet d'appropriations individuelles, ou restera-t-elle indivise et propriété nationale ? Les relations du travail et du capital seront-elles le salariat ou l'association ? On ne le sait pas, car cela n'est pas inscrit dans la nature de l'homme. Qu'il en soit ainsi ou autrement, c'est affaire de droit positif.

Le droit *naturel* est antérieur à la société ; il est absolu ; mais en revanche il est vague et purement virtuel, il n'est pas immédiatement applicable. — Le droit *positif* relève de l'État ; il est précis et en acte, mais relatif, variable et progressif.

Trois erreurs capitales sont journellement commises au sujet de la propriété : 1° confusion du droit naturel, simple virtualité, avec le droit positif, fait social ; 2° méconnaissance du caractère de relativité et de progressivité à travers les âges du droit positif de propriété ; 3° gratuite affirmation que la propriété telle qu'elle s'est constituée de nos jours exprime l'exacte justice.

La liberté individuelle, tour à tour droit naturel et droit positif, se prête aux mêmes observations.

III

D'autre part, l'ordre social est progressif ; il va d'un état de nature plus ou moins instinctif à l'état de rationalité ou de justice absolue, et il traverse une série de phases intermédiaires. — Le problème de ce passage des institutions sociales instinctives à l'exacte raison politique est tout le problème social. Il est temps de comprendre que la constitution normale de l'État est affaire de science et qu'elle ne relève pas d'un vote populaire. Elle est une construction prenant pour bases les données de la science de l'homme et de la société. Or, l'*éducabilité* de la nature humaine et l'*innectivité* des éléments sociaux sont les deux grands faits que cette science met en lumière.

I. Éducabilité. — Les hommes ne sont qu'une ébauche, au sortir des mains de la nature ; ils ne deviennent des hommes, selon toute l'acception du mot, c'est-à-dire des hommes qui voient clair en eux-mêmes et reçoivent de leur savoir la fière attitude de personnes qui savent ce qu'elles valent, que moyennant une éducation prolongée. L'esprit de l'homme s'échappe des organes et aspire à s'élancer dans la libre sphère des idées, mais son accouchement est laborieux et infiniment plus long que la parturition corporelle.

De plus, à des formes politiques de dignité inégale s'adaptent des individualités correspondantes. Aux sociétés théologico-militaires du moyen-âge, il fallait des foules incultes, superstitieuses et féroces. Aux États de parlementarisme et d'oligarchie sceptique conviennent des individus poursuivant frénétiquement la fortune en vue des jouissances. Mais si notre dessein est d'édifier un ordre social correct et d'absolue justice, il est nécessaire que l'éducation, en développant en chacun des hommes les vertus natives qu'il contient virtuellement, l'ait

rendu assimilable au nouvel organisme politique.
Un léger frottis d'instruction ne nous suffit plus ; si
nous voulons échapper à l'anarchie produite par des
institutions qui valent mieux que les hommes, si nous
voulons prendre position dans la justice et la liberté,
la culture achevée de nos plus hautes facultés devient,
pour tous les hommes, une nécessité rigoureuse.

L'ignorance est une servitude dont la science nous
affranchit : l'éducation fait de la liberté.

Elle nous érige aussi à l'égalité. Supposez que
tous les jeunes gens jusqu'à vingt ans et plus aient
reçu la même instruction, suivant les mêmes mé-
thodes, qu'ils aient tous pris l'intelligence de la formation des mondes, de la genèse des espèces, de la
philosophie de l'histoire, de l'universelle évolution
des choses, et concevez, après cela, que les fils de
M. Vautour, les mains finement gantées, abordent
leurs anciens condisciples en ces termes : « Çà, mes
gars, le mortier est gâché depuis hier, vous le faites
attendre ; allez prendre vos truelles et vos marteaux
et vite qu'on se hâte de nous maçonner notre mur ! »
Vous entendez d'ici la réplique dont foudroieraient
cette apostrophe les enfants du peuple élevés à la
dignité d'hommes : « Pardieu ! messeigneurs, vous
nous faites trop d'honneur. Mais ce n'est pas assez
de bâtir, il s'agit encore de forger, de labourer et de
tisser. Allons ! habits bas ! C'est à vous, s'il vous
plaît, de commencer ! »

Les hommes naissent égaux, mais perfectibles
par l'éducation. Demeurés incultes, ils déchoient de
leur égalité originelle ; ils constituent une classe in-
férieure et c'est une invitation pour les autres d'en
faire de vils instruments de leur fortune.

II. **Innectivité sociale**. — La science de la société, à son tour, nous apprend que les existences individuelles se mêlent spontanément et s'entrelacent dans la substance sociale, par les ramifications indéfinies des relations qu'elles projettent de toutes parts, relations du travail et du capital, de la consommation et de la production, de la propriété et du loyer, de la distribution des emplois et des charges onéreuses, de l'inégale participation à l'instruction et aux affaires ; que si ces relations ne sont pas coordonnées rationnellement, elles s'enchevêtrent au hasard et sans justice.

Dans un pays de labeur, couvert de machines, d'administration compliquée, comme sont tous les pays civilisés, un pauvre et un riche ne sont pas seulement deux individus juxtaposés dont les moyens d'existence diffèrent. Ce sont deux êtres dont la vie se mêle intimement et compose un tissu serré, où les libertés et les jouissances de l'un se nouent sur la trame formée par les servitudes et les misères de l'autre. Le pauvre, de cela seul qu'il est pauvre, subit l'oppression de toutes les forces sociales et de toutes les fatalités naturelles dont refuse de se dépouiller un État inharmonique. Opprimé ou oppresseur, spolié ou spoliateur, telle est la loi pour chaque individu de tout État qui n'est pas établi sur ses bases normales.

Nous appuyant sur ces données d'une incontestable valeur et dont chacun peut mesurer la portée, nous nous croyons autorisé à poser le problème social dans les termes suivants :

« Étant donné que les hommes doivent à leur dignité l'inviolabilité de leurs personnes, qu'ils sont essentiellement égaux, qu'ils sont éducables, qu'ils 'sont si étroitement liés les uns aux autres, que toute anomalie dans leur association se traduit en d'inévitables iniquités, — construire l'État sur les deux bases de l'éducation intégrale distribuée à toutes les intelligences et de la collaboration nationale rationnellement organisée, à l'intention d'obtenir ces résultats, conditions du bonheur : les hommes délivrés des servitudes leur provenant de la nature et des volontés arbitraires ; leurs virtualités natives recevant leur plein épanouissement ; la participation de tous, dans une mesure équitable, aux charges et aux bénéfices de l'association ; et enfin leur égale dignité reconnue en droit et attestée en fait par la nature de leurs relations. »

A chacune des périodes de l'histoire, les droits positifs, tels que les institue l'État, sont quelque chose de défectueux, d'irrationnel, d'injuste, dans la proportion où ils s'éloignent de cet idéal conçu par la raison.

Nous atteignons ici à une transformation nouvelle du droit. Il est devenu le titre qui autorise tout homme, membre d'une société civilisée mais opprimée encore par les vestiges qui lui restent des âges de barbarie, à exiger que l'État s'organise en vue de ses fins. Il se définit l'autorité morale avec laquelle tout membre de l'État réclame l'organisation sociale rationnelle, et devant laquelle tombent, au rang de forces naturelles et aveugles, toutes les résistances qui lui font obstacle.

C'est encore, si l'on veut, l'autorité de l'être doué de raison demandant qu'on se montre raisonnable à son égard et qu'on admette qu'il vive au sein d'une société exactement rationnelle.

Ce droit est le droit de solennelle revendication, le droit au droit, le droit qui prend conscience de lui-même après s'être cherché, dans la nuit, pendant de longs siècles; c'est le droit accusateur et rédempteur qui se dresse du milieu des oppressions et des indescriptibles souffrances dont gémissent les hommes; il est appelé à soulever le monde et à le transfigurer.

CHAPITRE II

CRITIQUE
DE LA DÉCLARATION DES DROITS DE L'HOMME

La *Déclaration des droits de l'homme* est assurément le plus magnifique effort qui ait été tenté pour asseoir la société sur le fondement du droit. Cette conception dont s'est ébloui l'esprit humain exalté par l'enthousiasme de la justice, au milieu des éclairs et des coups de foudre de la tourmente révolutionnaire, a définitivement ruiné l'ancien régime et tout le système de ses iniquités.

Cependant la loi de notre nature nous commande de ne pas nous arrêter et de nous porter toujours plus loin vers l'idéal. Les principes de 89 marquent une étape glorieuse sur la route du progrès, ils n'expriment pas le but final où l'on peut se reposer. Si solides qu'ils soient, ils souffrent la critique. C'est une tâche bien ingrate, sans nul doute, de prendre sur soi de les discuter pour en mettre les défauts au jour, c'est froisser la fibre patriotique de la nation ; nous oserons l'entreprendre cependant, car tout notre attachement aux hommes et aux choses de la période révolutionnaire ne nous aveugle pas, et rien, à nos yeux, ne peut être mis en balance avec les droits de la vérité et de la justice.

Avant d'en faire l'examen détaillé, nous dirons quelles sont les réflexions générales que nous suggère la rédaction des *Principes*.

Ils s'exposent, selon nous, sous une forme vague et simpliste qui livre passage aux plus intolérables abus. Le despotisme la plus éhonté, le guet-apens de 1851 les a jugés assez accommodants pour pouvoir opérer, sous leurs auspices, la strangulation des libertés publiques.

Ils protestent plutôt contre les abus du passé qu'ils n'édifient juridiquement la société de l'avenir.

Malgré les audacieuses prétentions du césarisme, ils ne sont pas assurément compatibles avec le pouvoir absolu, mais ils se prêtent à une division de classes dans la nation, nous en avons la preuve sous les yeux.

C'est qu'un grand fait s'est produit, que les hommes de cette époque ne pouvaient prévoir : la transformation profonde des conditions du travail et les rapports nouveaux du capital et du travail, par l'effet du *machinisme* installé sur tout notre sol, ainsi que dans toutes les contrées des deux mondes. Ce seul fait frappe d'insuffisance la *Déclaration des droits*.

Telle qu'elle s'exprime, elle méconnaît encore deux autres faits qui n'ont pas une moindre importance et que nous exposons dans notre chapitre du *Droit*, à savoir : l'*éducabilité* des aptitudes humaines et l'*innectivité* fatale des éléments sociaux. Cette double méconnaissance fausse la notion des fins de l'État et permet à tous les abus de pulluler à leur aise.

Parce qu'elle est insuffisamment renseignée sur la constitution morale de l'homme et sur la vraie nature de la société, elle altère les notions d'*égalité* et de *liberté*.

Enfin elle proclame d'excellents principes, celui notamment de la *responsabilité* des agents publics; mais ces principes avortent fatalement dans le régime inharmonique qu'elle autorise.

I

LIBERTÉ ET ÉGALITÉ [1]

Les hommes naissent et demeurent libres et égaux en droits...

Critique. — I. — Deux affirmations pareillement équivoques et foncièrement erronées.

« Les hommes naissent et demeurent libres. » Libres, oui, si l'on veut dire qu'en droit les hommes ne sont pas la propriété d'un autre homme, que l'esclavage est une institution réprouvée par la conscience universelle ; — non, si l'on entend que socialement chacune des individualités se meut dans une entière indépendance vis-à-vis des autres et qu'elle est sans attaches avec elles. Dès en naissant, chaque existence individuelle est corrélative, par de nombreux liens d'inhérence, à toutes les au-

1. Principes de 89 suivis de nos critiques.

2

tres existences ; elle n'en est pas indépendante, elle n'est pas libre.

Il faut distinguer la liberté, principe de revendication en des temps où subsiste l'esclavage, et la liberté, agrandissement et perfection de l'activité humaine émancipée de ses servitudes natives. L'une est antérieure à toute idée de réorganisation sociale, elle ne fait qu'en préparer l'emplacement ; l'autre est la raison d'être, le sens et la fin de tout l'effort social. — Les hommes ne sont pas libres, ils le deviennent.

II. — « Les hommes naissent et demeurent égaux en droits. » Si l'on veut dire que virtuellement tous les hommes possèdent les mêmes droits, c'est vrai ; mais la proposition devient inexacte, si l'on soutient que dans la société l'aptitude à exercer les mêmes droits est dévolue à tous les hommes.

Tous les hommes sont à la fois pensée et organisme ; mais parce qu'ils sont dépourvus de fortune, la plupart d'entre eux sont déchus de leur titre d'êtres pensants ; ils n'agissent que par le muscle et ne satisfont que des appétits ; où prenez-vous donc que les hommes sont égaux ?

En politique, les hommes se classent en citoyens *actifs* ou dirigeants et en citoyens *passifs* ou dirigés, c'est la terminologie même de la Révolution ; ne dites donc pas que les hommes sont égaux.

Sont-ils égaux au moins devant la justice pénale ? Nul n'ignore que les lois, ce que constatait un philosophe grec est toujours vrai, sont des rets d'un fil incassable pour les faibles et de simples toiles d'araignée pour les forts; donc, quoi qu'on dise, les hommes ne sont pas égaux devant la loi.

Les hommes, il est vrai, sont égaux devant la nature, mais socialement et quant à leurs droits effectifs, d'effroyables inégalités les séparent en classes distinctes.

Si l'égalité existe au début et lorsque l'homme est tout à faire, et alors ce n'est que l'égalité en puissance, l'égalité en acte, l'égalité en dignité réelle socialement attestée est une construction à effectuer. L'égalité est à la fois principe du droit et fin de l'État. La société d'aujourd'hui qui prend les hommes égaux et les rend inégaux trahit sa mission.

En dehors de l'égalité, la dignité humaine périt, la liberté s'éclipse et la justice n'est plus qu'un vain mot.

La nature, dit-on, n'a pas également doué tous les hommes. Soit ; eh bien! que la société détruise les inégalités artificielles, qu'elle s'efforce de faire des égaux, en soumettant les hommes à une éducation identique et en les plaçant dans des conditions économiques pareilles; c'est par ce moyen qu'elle peut réussir à mettre en lumière les inégalités naturelles, les infirmes auxquels il faut ouvrir un asile, les monstres contre lesquels il y a lieu de se prémunir, les hommes de génie et de vertu appelés à nous être des guides ou des modèles.

III. — « Les distinctions sociales ne peuvent être fondées que sur l'utilité commune. » Les inégalités qu'engendre fatalement l'État irrationnel, ainsi que nous venons de le voir, annihilent toutes les bonnes intentions de ce texte. Les distinctions iront forcément aux hommes des classes fortunées et instruites ; les hommes des classes courbées, hélas ! n'y prétendent pas.

II

DROITS NATURELS ET IMPRESCRIPTIBLES.
BUT DE L'ÉTAT

Le but de toute association politique est la conservation des droits naturels et imprescriptibles de l'homme. Ces droits sont la liberté, la propriété, la sûreté et la résistance à l'oppression.

Critique. — I. — L'art. 2 se méprend sur nos droits et sur le but de l'État.

Il affirme les droits inhérents à la nature humaine et se résolvant en respectabilité, les droits en ce qu'ils ont de vague et d'abstrait et que personne ne conteste. Ce sont les droits positifs qu'il fallait attester, les droits concrets et en actes, consacrés légalement ; et, par exemple, l'usage défini de la liberté et du droit de propriété, car cet usage est susceptible de variations indéfinies.

Les droits de l'homme devancent la société, il est vrai, en tant qu'ils sont abstraits ; mais à l'état concret et revêtus d'une forme légale, devenus réels et immédiatement exerçables, ils dérivent de l'ordre social institué et vivant ; ils comportent des formules explicites. Si donc on veut sortir des abstractions, il faut commencer par fixer les fins de l'État ; on en déduit ainsi les droits de l'homme, mais articulés avec assez de clarté, pour que chacun prenne immédiatement l'intelligence de ses obligations et des avantages qu'il peut se promettre de l'association dans laquelle l'engagent ses attributs de sociabilité et d'être raisonnable.

Pour qui a la perception lucide des choses, on ne doit pas aller des droits à la société, mais de l'homme à la société et de la société aux droits de l'homme.

II. Enfin la théorie impliquée dans l'article prête à l'État un rôle abstensif et tout policier ; elle ne socialise les activités individuelles qu'autant qu'il est strictement nécessaire pour constituer une puissance capable de réprimer les attaques aux personnes et aux propriétés ; pour le reste, elle les laisse libres de s'évertuer à leur gré, follement et d'une manière oppressive. C'est une fausse vue, car c'est dans toute leur intégralité que les forces sociales doivent être constitutionnalisées et soumises à la règle, sous peine de former un chaos fourmillant d'injustices.

L'État n'est pas un gendarme posté hors de la société et la guettant l'arme au bras ; il est la société elle-même enveloppant dans son organisation tous les intérêts humains, et se constituant de manière à pourvoir au bonheur de l'homme par l'affranchissement de toutes les servitudes.

III

SOUVERAINETÉ DU PEUPLE ; ÉLECTIVITÉ DES CHARGES

Le principe de toute souveraineté réside essentiellement dans la nation; nul corps, nul individu ne peut exercer d'autorité qui n'en émane expressément.

Critique. — Il serait difficile de ne pas souscrire à l'énoncé de ce principe. Il n'est qu'une seule observation à faire, c'est que, dans un État démocratique, où s'harmonisent les facultés, les besoins et les droits, il n'y a plus de place pour une volonté souveraine, quelle qu'elle soit. Désormais l'expression de *souverain* appartient à l'histoire et ne doit plus avoir cours dans la langue de la politique nouvelle.

IV

NOTION DE LA LIBERTÉ

La liberté consiste à faire tout ce qui ne nuit pas à autrui; ainsi l'exercice des droits naturels de chaque homme n'a de bornes que

*celles qui assurent aux autres membres de
la société la jouissance de ces mêmes droits...*

Critique. — Cette définition de la liberté est bien
superficielle. C'est d'abord, par le côté positif, la
faculté de tout faire jusqu'à concurrence du préju-
dice d'autrui. On n'est pas plus libéral, semble-t-il ;
mais que voulez-vous que fasse de cette liberté le
famélique dont la machine vivante va s'éteindre
faute de combustible ? Il n'aura rien de plus pressé
que d'aller la vendre pour la plus maigre pitance.

C'est ensuite, par le côté prohibitif, l'interdiction
d'empiéter sur le bien des autres. Nous voilà vrai-
ment bien garantis ! Quiconque possède les éléments de la politique sait jusqu'à quel point se tis-
sent entre elles les relations économiques et morales
de l'individu dans la trame de l'État. Il suffit que
les intérêts, au lieu d'être coordonnés dans la règle, se mêlent en une masse inorganique, pour qu'ils
fassent naître des fortunes anormales, et pour que
chacun des actes de tout individu pourvu de privilèges aille, par des voies souterraines et inaperçues,
blesser injustement les intérêts d'une foule d'autres.
Chacun des mouvements de la Collectivité, en régime inharmonique, est un écrasement de droits, la
perpétration d'une multitude d'iniquités.

La quantité de travail dont un pays est capable a
son objet normal, c'est de pourvoir aux besoins es-
sentiels des hommes dans ce pays : alimentation,
vêtements, demeures, instruction publique ; le tra-
fic extérieur passe après. Or, à la faveur de la liberté, les industriels capitalistes vont, à nos frais,

s'ouvrir des marchés en pays lointains, au Tonkin, en Chine et ailleurs, et tournent de ce côté les grands courants du travail national. Ils y voient double profit à faire : tenir à leur main l'ouvrier aux abois et se l'assurer pour un chétif salaire, puis remplir leurs coffres de l'or qu'ils écument à l'étranger, et, au moyen de leurs richesses, se rendre les maîtres dans leur propre pays. Ce sont là, on ne peut le nier, des abus dont souffre la majorité de la nation ; l'article 4 les atteint-il ? C'est assez et trop de poser la question.

L'iniquité appelle d'ailleurs l'iniquité : ceux chez lesquels les capitaux regorgent disposent à leur gré de l'activité laborieuse de leurs semblables ; il leur est loisible de l'accaparer au profit de leur faste et des fantaisies les plus délirantes ; cette activité intelligente, qui est toute la fortune d'un pays et qui, si elle n'est pas adultérée, doit être occupée à bâtir pour tous des demeures commodes, à confectionner des étoffes à l'usage du grand public, se dépense à satisfaire au luxe et aux saturnales des exploiteurs de gens : préjudices graves commis envers la grande masse des membres de l'association politique ; les principes de 1789 laissent passer ces énormités-là. La liberté, telle qu'on la définit, est dérisoire pour ceux qui végètent par en bas ; et pour ceux qui occupent les hautes positions, elle est un système d'oppression établi à leur profit.

La liberté réside essentiellement dans l'expansion normale et pleine de nos aptitudes naturelles, moyennant l'éducation intégrale et la coordination des intérêts économiques. — Quel est le pays le plus libre ? Financiers et philosophes, en ce point comme en plusieurs autres, ne tombent pas d'accord. Pour les premiers, le pays le plus libre est celui où l'État les laisse faire et où il ne se mêle de rien ; pour les seconds, le pays le plus libre, non sauvagement et animalement libre, comme aux forêts, mais humainement libre comme aux cités, est celui où les hommes, pris en masse, sont le plus affranchis des servitudes qui pèsent sur nous : ignorance, superstition, misère, autorités arbitraires et personnelles, et où les initiatives individuelles, une fois payée à la société la dette sacrée du travail, voient s'ouvrir devant elles un champ immense qui n'a de limites que celles des ressources de l'État et de la puissance de l'homme.

La liberté, vertu de l'État politique, est une conquête qui nécessite de longs efforts ; elle n'a pas sa place à la base, mais au sommet de l'édifice social.

V

LIMITES DE L'INGÉRENCE DE L'ÉTAT

La loi n'a le droit de défendre que les actions nuisibles à la société...

Critique. — Cet article, qui ne fait que développer le précédent, impose des limites à l'action gouvernementale. Il est louable assurément, et pourtant il est loin de nous satisfaire. Il procède de l'esprit individualiste qui domine dans toute la *Dé-*

claration, et retient en deçà des justes bornes l'action législatrice de l'État. L'État en effet, ne réglemente pas seulement du dehors, il organise la nation en s'identifiant à elle ; et, parce qu'il enveloppe tout l'homme, il est admis à contraindre les volontés à se coordonner entre elles de façon à réaliser l'ordre politique normal que conçoit la raison.

La loi, dit-on, réprimera les actions nuisibles à la société : principe équivoque et louche, car, encore une fois, il ne va pas au delà des apparences, et les apparences sont trompeuses. Pour les atteindre, ces actions nuisibles qui se dissimulent, pour les poursuivre dans la plus intime substance du corps social, il est indispensable d'avoir défini les fins de l'État ; mais en 1789, cette conception attendait encore son heure.

VI

CONSTITUTION ET VOLONTÉ GÉNÉRALE

La loi est l'expression de la volonté générale... Tous les citoyens étant égaux à ses yeux, sont également admissibles à toutes dignités... sans autre distinction que celle de leurs vertus et de leurs talents.

Critique. — I. — « La loi est l'expression de la

volonté générale. » C'est le dogme des démocraties, et pourtant il est inadmissible, si on ne lui fait pas subir d'importantes restrictions. Nous ne sommes pas d'avis que la société repose sur un *contrat*, par la raison que, de ce point de vue, les institutions n'ont rien que de convenu, d'arbitraire et d'instable. La société, à nos yeux, est une construction de la science, c'est-à-dire quelque chose de nettement déterminé et d'absolu. On ne met pas aux voix des théorèmes géométriques ; il n'est pas plus judicieux de soumettre à la ratification du suffrage universel des problèmes de psychologie et de morale. Les lois organiques de l'État ne dépendent pas du caprice d'une génération d'hommes que la perversité du pouvoir a pu gâter ; il convient sans doute que la majorité s'y rallie, attendu que, si elles n'obtenaient pas l'assentiment général, elles ne pourraient fonctionner que péniblement ; mais elles expriment le droit en dépit de tous les plébiscites ; et le peuple qui, par impossible, les répudierait, dans le libre exercice de sa souveraineté, serait déjà entré en décomposition.

Ce qui appartient à la nation ce n'est pas de se suicider politiquement, c'est d'élire des représentants et des magistrats, de voter des lois d'un intérêt accidentel, de prendre des résolutions en des crises où peuvent être engagés la fortune publique et le sang des citoyens.

II. — Quant à l'accessibilité pour tous des dignités et des emplois publics, mirage décevant et raillerie amère, sous la République de 1883, aussi bien que sous le règne de l'Assemblée nationale de 1789. — Certes, il importe à la République que les meilleurs exercent sur la marche des affaires leur bienfaisant ascendant. L'antagonisme anarchique des sociétés actuelles fait prévaloir communément les fourbes et les rapaces; l'organisation rationnelle portera l'élite aux premiers rangs, car la démocratie elle-même fait une place à l'aristocratie; cela suivra du seul fonctionnement des institutions. Que faut-il pour obtenir que les meilleurs, c'est-à-dire les plus intelligents, les plus désintéressés et les plus humains émergent de la masse? Il suffit que l'éducation soit également distribuée à tous, que tous participent à la collaboration commune, que tous soient socialement et réellement égaux, et que les charges soient décernées par le libre vote du peuple.

<h2 style="text-align:center">VII</h2>

<h3 style="text-align:center">INVIOLABILITÉ DE LA PERSONNE HUMAINE</h3>

Un homme ne peut être accusé, arrêté, ni détenu, que dans les cas déterminés par la loi, et selon les formes qu'elle a prescrites...

Critique. — L'inviolabilité de la personne est une des meilleures conquêtes que la Révolution ait faite sur le régime du bon plaisir. — Malheureusement, nous avons fait l'expérience que l'énoncia-

tion de ce droit est imparfaitement protectrice,
en un état de choses qui ne réussit pas à rendre l'é-
galité effective et qui fait de la liberté un mot sonore
et vide.

VIII

RÉDUCTION DES PEINES. STRICTE LÉGALITÉ
DE LA RÉPRESSION

*La loi ne doit établir que des peines stric-
tement nécessaires, et nul ne peut être puni
qu'en vertu d'une loi établie...*

Critique. — Cet article vise les temps de pénalité
barbare où la justice joignait à l'atrocité la fantaisie
la plus arbitraire. Sans doute, les chevalets et les
brodequins de fer ne sont plus à redouter ; mais
la justice de nos jours pourrait-elle se rendre ce
témoignage que la somme de souffrances qu'elle
inflige à ceux qui, à tort où raison, ont des démê-
lés avec elle, ne dépasse pas la stricte mesure ?

De nos jours, on scrute les fondements du droit
de punir. Les deux idées de récompense et de pu-
nition que les stoïciens déclaraient déjà ineptes
200 ans avant Jésus-Christ, commencent à perdre
de leur autorité auprès de tous ceux que la métaphysique ou la théologie n'a pas fanatisés et qui
savent quelle part prend la fatalité sur les détermi-
nations humaines. Lorsque l'éducation jointe à la

bonne influence d'un milieu politique et moral plus salubre, aura amélioré les hommes, tout l'effrayant appareil de la répression aura disparu.

IX

CONTRE LES BRUTALITÉS DE LA POLICE

Tout homme étant présumé innocent jusqu'à ce qu'il ait été déclaré coupable..., toute rigueur qui ne serait pas nécessaire pour s'assurer de sa personne doit être sévèrement réprimée par la loi.

Critique. — C'est assurément le plus méconnu des principes de 89. Les violences ne s'arrêtent pas aux personnes ; la demeure des accusés et celle de leurs amis sont mises sens dessus dessous ; on s'empare de leurs papiers ; rien n'est respecté. — En audience, bien loin que le prévenu soit *présumé innocent* jusqu'à ce qu'il ait été déclaré coupable, il est d'abord insulté, vilipendé et calomnié avant d'être jugé. D'où vient cela ? Zèle de métier, foi métaphysique au libre arbitre, mépris habituel de l'homme en pays oligarchique, persuasion où est la police, en un régime qui admet des classes, qu'il y deux catégories d'hommes, les policiers et les autres, qu'elle présume être des coquins avant plus ample information.

X

TOLÉRANCE RELIGIEUSE

Nul ne doit être inquiété pour ses opinions même religieuses, pourvu que leur manifestation ne trouble pas l'ordre public établi par la loi.

Critique. — La libre pensée en 1789 accorde généreusement, au moment de son triomphe, ce qu'on lui avait refusé avec obstination, la tolérance. Cependant nous apercevons mieux aujourd'hui le péril d'une tolérance illimitée qu'on ne pouvait le faire autrefois. Le catholicisme s'est montré, ce qu'on ne faisait qu'entrevoir, un parti politique, un parti d'une organisation formidable, visant à réduire l'univers entier sous sa domination. Or, exiger simplement d'une secte aussi puissamment armée qu'elle ne trouble pas l'ordre public par ses manifestations, c'est trop d'ingénuité, c'est ne pas vouloir voir le travail souterrain qui s'accomplit.

L'esprit d'envahissement qui caractérise l'Église impose aux gouvernants des précautions plus clairvoyantes. D'abord l'État ne peut, ni par subventions, ni par allocations budgétaires, ni par libertés privilégiées a elles octroyées, ni autrement, favoriser la propagation d'idées fausses autant que dangereuses pour la sûreté des institutions. Ensuite l'enseignement, sous quelque forme que ce soit, lui doit être formellement interdit. Mais surtout il est urgent d'activer plus qu'on ne fait l'éducation scientifique, qui aura pour effet d'affranchir la raison publique de l'obsession de ses superstitions séculaires. C'est le seul moyen de rompre le réseau aux mailles serrées dans lequel le papisme enveloppe les générations successives. Il faut à l'intelligence populaire l'aliment des croyances religieuses ou celui de la science, c'est une impérieuse nécessité. Détruire les unes, c'est s'engager à répandre l'autre à flots; il est urgent qu'on reporte à l'instruction du peuple les sommes que l'on dépense à l'entretien d'un culte qui fomente d'éternelles conspirations.

La République ne persécute pas, mais elle n'aide pas non plus et elle se défend.

<h2 style="text-align:center">XI</h2>

LIBERTÉ DE LA PRESSE ET DE LA PAROLE

La libre communication des pensées et des opinions est un des droits les plus précieux de l'homme; tout citoyen peut donc parler, écrire, imprimer librement...

Critique. — Pour n'être pas mise au rang des libertés liberticides, la liberté de la parole et de la presse doit être entourée de précautions. — Les époques en gestation de réformes, c'est élémentaire, ne peuvent toujours accepter l'application des principes. Un gouvernement qui travaille à se fonder se suscite à lui-même dès embarras sans cesse renaissants, s'il déchaîne le mensonge et le fanatisme en des temps où les partis hostiles ont à leur tête des chefs redoutables à la fois par leur nom et par une fortune immense, lorsque d'ailleurs ils comptent des affiliés dans toutes les régions sociales, traîtres tout prêts à leur livrer la place ; il se trahit lui-même et ne veut vivre que par des tours de force.

Ici encore, liberté signifie scepticisme. Les républicains qui la réclament si chevaleresquement pour les partisans de l'absolutisme ont l'air de dire : « Notre opinion et la leur sont deux opinions probables ; qui sait même ? il se trouvera peut-être que celle des absolutistes était la bonne. » D'honneur ! C'est énervant. Depuis assez longtemps on sophistique sur cette idée de liberté caractérisant le régime républicain. C'est précisément parce qu'elle apporte la liberté aux peuples, en venant affranchir les intelligences et les corps, que la République ne peut, sous peine de forfaire à ses engagements, laisser la parole aux abjects qui rêvent tout haut de replacer la France sous le joug d'un maître.

Si toutes les opinions sont respectables et ont le même droit à se produire, c'est assez de rhétorique, jouons la République à pile ou face.

XII

FORCE PUBLIQUE

La garantie des droits de l'homme et du citoyen nécessite une force publique.

Critique. — L'utilité de la force est en raison directe de l'antagonisme qui divise les classes de la société. Que les institutions résolvent l'antinomie du capital et du travail, du même coup, elles permettront de réduire le vaste appareil des moyens que la police met en œuvre.

L'institution des armées permanentes, dont l'idée du reste ne vint pas au législateur de 1789, contient ces anomalies : 1° République, nous entretenons au milieu de nous une puissance toute préparée pour servir les desseins criminels de tout ambitieux qui machine un coup de force contre les libertés publiques ; 2° Démocratie, nous acceptons la superfétation d'un mode d'armement qui est dans la logique d'un dualisme antagoniste entre le peuple et le chef de l'État, mais qui répugne à une société d'hommes égaux et libres ; nous nous donnons ce luxe tout royal qui nous coûte les yeux de la tête ; 3° État rationnel et essentiellement pacifique dont tout le génie doit se consacrer à l'industrie, aux sciences et aux arts, nous retournons aux âges barbares des sociétés rudimentaires où les peuples ne sont que des bandes suivant un chef ; nous offrons à nos gouvernants la tentation incessante de se lancer eux-mêmes en des aventures ruineuses et pleines de périls.

Mais la Prusse ?— Opposez un front de résistance inexpugnable ; faites taire un chauvinisme vieillot, et laissez agir de soi-même le pouvoir de corrosion que possède contre tous les despotismes de la terre le rayonnement d'un peuple heureux et fier dans la liberté.

Après tout, les armées permanentes sont l'embryon des légions ouvrières de l'avenir. Qu'elles subsistent, tant mieux ! Nous avons l'espoir qu'elles se métamorphoseront en un organe utile de la société future.

<h2 style="text-align:center">XIII</h2>

IMPOT

Pour l'entretien de la force publique et pour les dépenses d'administration, une contribution commune est indispensable ; elle doit être également répartie entre tous les citoyens, en raison de leurs facultés.

Critique. — « La contribution doit être également

répartie entre tous les citoyens en raison de leurs facultés. »

A première vue, on ne trouve rien à reprendre à ce principe, et pourtant il est un foyer de vexations et d'injustices.

Le principe réclame impérieusement la correction immédiate de cet autre principe : « Quiconque ne subvient qu'à peine aux premiers besoins n'a pas la *faculté contributive*, attendu que l'État ne peut lui restituer en échange rien qui vaille autant pour lui que de manger tout son saoul. » Y prend-on garde ? Il s'en faut bien, puisqu'il est avéré que l'impôt, tel qu'il est assis aujourd'hui, est en raison proportionnelle du dénuement. L'impôt laisse intacte l'insolente opulence des uns et il condamme une multitude d'autres à prendre sur leur nourriture et leur vêtement, sur le pain de leurs enfants pour satisfaire à la loi.

Le principe du *proportionnellement aux facultés* qui serait d'une application si délicate pour des législateurs de bonne volonté, ne vous abusez pas jusqu'à croire qu'on songe à l'appliquer. Tous les objets de consommation de première nécessité sont frappés d'impositions ; le pauvre paye d'après les mêmes tarifs que le riche ; il n'avale pas une bouchée, il ne jette pas un bout de toile sur ses membres hâlés qu'il n'ait eu auparavant affaire au fisc. Que devient alors le principe ? C'est, vous dira Thiers le peu scrupuleux, la collecte de revenus la plus abondante et la plus facile à percevoir. Soit, mais quel rapport y a-t-il, je vous prie, entre commodité et équité ? Avouez donc qu'il ne vous est pas désagréable de laisser le frein de la gêne à la bouche de la *vile multitude.*

L'impôt qui pouvait servir à enrayer quelque peu l'énormité croissante des inégalités sociales, les élargit encore. Les pauvres gens achètent le droit d'aspirer un peu d'air par leur fenêtre ouverte ; les grandes fortunes, à la faveur de placements sur les fonds de l'État, se dérobent à l'obligation de l'impôt. Pour le pauvre campagnard, les droits de mutation et d'enregistrement dévorent la valeur de l'héritage transmis, tandis que pour le grand propriétaire, les mêmes droits n'en entament qu'une parcelle imperceptible.

L'impôt se déguise sous mille formes. Tous les gens à diplômes, tout ce qui s'appelle *officiers ministériels,* même lorsqu'ils sont rigoureusement honnêtes, il en est, rançonnent indignement le public, avec la connivence de l'État qui leur vend leurs offices et leurs panonceaux, ou du moins leur en assure le monopole. Ils sont à leur façon des collecteurs d'impôts. Ce n'est pas par peur de la mort qu'on s'effraye de mourir, c'est de se voir livrés à ces hommes noirs et corrects, c'est de tomber dans ces mains aux phalanges démesurément allongées.

L'Enregistrement est le fourré d'où le plumitif s'élance pour dévaliser, au passage, les personnes en deuil qui s'en reviennent d'inhumer leurs morts.

Si les conditions étaient égales, fort bien ; le principe de contribuer aux charges de l'État selon ses moyens serait clair et praticable ; mais il n'en peut être ainsi dans la société présente. — Bien plus, il n'y a pas de remède au mal, car si d'aventure nos législateurs, touchés d'un bon mouvement, exemptaient les prolétaires de toute espèce d'impôts, immédiatement le salaire que leur distribue le capital s'abaisserait dans la même proportion, puisque, par le progrès du machinisme et l'effet du travail *intensif* qui est de règle, le travail étant toujours plus offert que demandé, le chef d'industrie serait assuré de trouver autant de bras qu'il lui en faut, au prix des plus bas salaires, c'est-à-dire de ce qui est strictement nécessaire pour que l'ouvrier ne périsse pas d'inanition. N'est-ce pas précisément ce qu'il y a d'irrémédiable dans la situation qui a fourni leur meilleur argument aux économistes de l'école du *Rien à faire?* Ils ont montré que les malheureux ne gagneraient rien au changement, et leur raisonnement n'était que trop fondé.

La conclusion à déduire de ces faits, c'est que, puisqu'on ne peut parer aux injustices de l'impôt, il est indispensable de le remplacer par une autre forme de revenus publics. Bien qu'on ait honte de l'avouer, l'État est entrepreneur de travaux : Instruction, Postes et Télégraphes, Défense du pays, Fabrication d'armes, Poudrières, Chantiers de construction, Canaux et Routes, Administration des Eaux et Forêts, Prélèvement des contributions, Manufacture des tabacs, Chemins de fer, etc.; que cette sphère des travaux de l'État s'agrandisse, tout en laissant une large place à l'industrie privée, qu'on y fasse rentrer tout genre de production ou de services qui est d'un intérêt primordial et universel et qui comporte agglomération et organisation de travailleurs, et l'État, capitalisant, au lieu

et place des entrepreneurs particuliers, sera en état
de nous faire remise des charges si lourdes de
l'impôt.

Les machines sont venues compliquer les relations économiques et aggraver la situation des ou-
vriers ; on s'avisera peut-être un jour de faire des
machines des instruments d'égalisation sociale et
de liberté.

XIV

ASSEMBLÉE DE CONTRÔLE

*Chaque citoyen a le droit de contrôler par
lui-même ou par ses représentants la nécessité de la contribution publique...*

Critique. — En régime rationnel, le parlementarisme est fini, et ce qu'on appelle les trois pouvoirs,
le législatif, l'exécutif, le judiciaire perdent consi-
dérablement de leur importance.

Il n'y a plus d'impôts, mais il reste toujours à
contrôler l'usage des deniers publics et à surveiller
la bonne gestion des affaires d'intérêt commun, ce
sera la mission principale de l'Assemblée des dépu-
tés, qui comptera en outre parmi ses attributions de
faire des lois d'intérêt local et temporaire. —
Le texte de l'article restreint plus que nous ne le

faisons nous-mêmes le rôle des assemblées, il ne leur prête à aucun titre la tâche de légiférer.

XV

RESPONSABILITÉ DES AGENTS DE L'AUTORITÉ

La société a le droit de demander compte à tout agent public de son administration.

Critique. — Excellent principe, sauf cette réserve que dans notre société oligarchique et bourgeoise, il ne s'est jamais appliqué et qu'il n'est pas susceptible d'application. Pourquoi? Parce que, même sous un gouvernement de forme démocratique, s'il maintient les inégalités de classes, l'administration reste obstinément aristocratique. Elle résiste à admettre que ses attributions lui proviennent d'en bas, c'est-à-dire qu'elle les tient du peuple ; elle demeure persuadée qu'elle les a reçues d'en haut, qu'elle est de droit divin, et que les gens qui ont affaire à elle sont des sujets qu'elle veut bien honorer de ses libérales faveurs, lorsqu'elle s'acquitte bien petitement de sa besogne, et qu'elle honore encore quand elle les vexe par tous les moyens qui sont en son pouvoir.

C'est également la conviction des tribunaux auxquels on pourrait déférer un fonctionnaire prévaricateur, et malheureusement c'est même l'opinion, transmise héréditairement, de ceux qui ont le plus sujet de se plaindre.

XVI

ORGANISATION NORMALE DE LA SOCIÉTÉ

Toute société dans laquelle la garantie des droits n'est pas assurée, ni la séparation des pouvoirs déterminée, n'a point de constitution.

Critique. — C'est un arrêt qui exclut des sociétés de droit la monarchie telle qu'elle fleurit dans notre histoire. Cependant le principe énoncé ne suffit pas à nous restituer nos titres.

Dans un État non entièrement dégagé des liens de la nature, les lois elles-mêmes protègent imparfaitement les droits, pour cette raison qu'on y compte deux classes d'hommes, les puissants et les faibles, et que les lois ne sont un pouvoir répressif que contre les faibles.

D'abord quels sont ces droits qu'il s'agit de garantir? La métaphysique de la Révolution répond: la liberté individuelle, la liberté de conscience, la liberté de la presse, la responsabilité des fonctionnaires, le droit de propriété, la liberté du travail;

droits dérisoires pour les masses. — Dans une théorie de droit, sans métaphysique, et qui explore toutes les sources du droit, les droits de l'homme sont tous les avantages qu'il attend de l'organisation sociale correcte, c'est-à-dire, pour les énumérer, l'avantage de l'éducation intégrale, l'avantage de l'égale dignité acquise à tous, l'avantage de ne prendre que sa part du labeur qui s'impose à tout membre de l'association politique et de recevoir toute sa part des bénéfices de la collaboration commune. Ce sont des droits, car toute personne morale est admise à exiger, au nom de la raison, que politiquement on soit raisonnable à son égard. Or, bien évidemment la meilleure garantie dont on puisse entourer ces droits, c'est que l'État soit organisé en vue de ses fins : éducation et coordination des intérêts économiques.

Quant à la séparation des pouvoirs et au régime parlementaire, c'est une courte phase qu'il fallait traverser.

XVII

PROPRIÉTÉ

La propriété étant un droit inviolable et sacré, nul ne peut en être privé, si ce n'est lorsque la nécessité publique... l'exige évi-

demment, et sous la condition d'une juste indemnité.

Critique. — I. — « La propriété inviolable et sacrée. » Voyons cela. D'abord d'où vient que ces grands mots sont réservés pour la propriété? Est-ce qu'il y a autre chose de sacré que la dignité de l'être humain, non seulement dans la personne des propriétaires, mais encore dans celle des misérables qui sont exclus de la faculté de posséder? Et qu'est-ce que notre société, au crâne de laquelle pousse si soudainement la protubérance de la *vénérativité*, lorsqu'il s'agit de titres de rentes ou d'écus bien sonnants, qu'est-ce que la société nôtre sait faire de la chose sacrée par excellence, nous voulons dire la personne humaine? Elle la laisse se débattre douloureusement dans son abrutissement et ses misères; et si quelqu'un, par pitié, lui tend une main secourable, elle vocifère en se tordant les bras, comme si elle assistait à un forfait contre les lois divines et humaines.

« La propriété inviolable et sacrée. » Pour adhérer à ce jugement, il ne faudrait pas voir ce qu'on voit dans l'état de quasi-nature où nous vivons; il faudrait ne pas savoir que la transmission des spoliations opérées par la conquête barbare et devenues des fiefs, que le savoir-faire sans scrupules, que les heureux hasards nés de l'imbroglio des faits économiques, que l'exploitation presque fatale des déshérités du sort y ont infiniment plus de part que le travail. — Ce n'est nullement aux personnes, bien entendu, qu'il faut s'en prendre de ces méfaits de la société ; à part les fraudes et les exactions qui se commettent trop souvent aussi, les individus bénéficient ou pâtissent de ce qu'il y a d'irrationnel dans les institutions, sans qu'ils puissent faire autre chose. Guerre aux abus et paix aux personnes !

« Inviolable et sacrée. » Le droit positif de propriété naît de la société, et c'est à celle-ci d'en déterminer l'usage. Il suit de là que, tant vaut l'ordre social établi, tant vaut le droit qui en émane ; que le droit de propriété n'est ce qu'il doit être que dans la société correctement rationnelle ; que dans une société qui ne se débrouille qu'à peine des fatalités naturelles, il est injuste et exerce autour de lui une action oppressive.

« Inviolable » oui, car nul individu ne peut sans crime toucher à la propriété d'autrui, et le jour où, par impossible, les attentats contre les biens se commettraient impunément, le pays irait aux abîmes. Mais « sacrée », c'est-à-dire suscitant en nous les sentiments de vénération que nous font éprouver la vertu, le génie, le malheur, les sublimités de l'amour maternel, les droits de l'enfance, la dignité de la personne humaine, non, la propriété, devant les exigences de l'ordre social, n'a rien en elle qui commande qu'on se prosterne avec un pieux respect. — Nous comprenons fort bien qu'on veuille, en mettant hors de discussion les propriétés actuelles, prévenir des perturbations graves ; mais on ne peut empêcher que la sauvegarde de la dignité humaine ne prime tout. Il est inadmissible que, par amour de l'ordre, on se refuse à l'ordre ; que, par passion du droit, on fasse perpétuellement échec au droit ; ou, en d'autres termes, qu'on interdise, au nom de la justice, de substituer à un état de choses odieusement inique une organisation sociale plus exactement juste.

La propriété peut, un jour, s'imposer à notre respect et nous devenir sacrée, mais à ces conditions : que l'État possède la terre et qu'il exécute tous les grands travaux d'intérêt public qui comportent les vastes installations, qu'il soit le seul grand capitaliste de la nation, qu'une égalité effective rapproche les individus dans les mêmes sentiments de dignité et de sympathie. Il n'y a plus alors de fortunes disproportionnées, plus d'exploitation de l'homme, et toute propriété incontestablement issue du travail et du talent personnels n'inspire plus que du respect. Que si elle refuse de se rationaliser, la société est une arène où sous l'œil paterne de l'État, luttent et se déchirent, dans des conditions inégales de combat, tous les appétits déchaînés.

II. — La *Déclaration des droits* consacre, au profit de l'État, le droit d'expropriation, sous la condition d'une indemnité, c'est par une voie détournée, revenir à notre point de vue, et accorder, en principe, que la société est autorisée par un droit naturel qui domine tous les autres, à se refondre de fond en comble, pour effectuer d'une manière définitive son passage de l'état de nature à la rationalité.

CHAPITRE III

LA DÉCLARATION DES DROITS DE L'HOMME
EN DEUX TEXTES PARALLÈLES

1

1789	1883 (1)
Les hommes naissent et demeurent libres et égaux en droits. Les distinctions sociales ne peuvent être fondées que sur l'utilité commune.	Les hommes naissent égaux et engagés dans les liens de la vie collective. Par le bienfait de la société normalement constituée, l'égalité naturelle se transforme en égalité sociale, et l'assujettissement primitif devient la source de toutes les libertés.

---

1. Les principes que nous plaçons en regard des principes de 1789 ne peuvent se passer de commentaire dont les éclaire l'étude critique que contient le chapitre précédent.

2

1789

Le but de toute association politique est la conservation des droits naturels et imprescriptibles de l'homme. Ces droits sont : la liberté, *la* propriété, *la* sûreté *et la* résistance à l'oppression.

1883

Le but de l'association politique est de pourvoir au bonheur des hommes en s'adaptant à leurs aptitudes et à leurs besoins. Les droits particuliers qui dérivent de l'ordre social sont, pour chacun: le droit de recevoir l'éducation intégrale, le droit de partager avec les autres, dans une équitable mesure, le travail qui tend à satisfaire aux besoins en vue desquels l'État est constitué, et la participation à tous les avantages de l'association.

3

Le principe de toute souveraineté réside essentiellement dans la Nation ; nul corps, nul individu ne peut exercer d'autorité qui n'en émane expressément.

.   .   .   .

4

1789

La liberté consiste à faire tout ce qui ne nuit pas à autrui; ainsi l'exercice des droits naturels de chaque homme n'a de bornes que celles qui assurent aux autres membres de la société la jouissance de ces mêmes droits. Ces bornes ne peuvent être déterminées que par la loi.

1883

La liberté est l'assujettissement des volontés aux conditions de l'éducation commune et de la collaboration nationale se dénouant en libres expansions des énergies humaines.

5

La loi n'a le droit de défendre que les actions nuisibles à la société. Tout ce qui n'est pas défendu par la loi ne peut être empêché, et nul ne peut être contraint à faire ce qu'elle n'ordonne pas.

L'Etat est un être collectif dont le principal objet est de vivre, et dans les harmonies vivantes duquel se résorbe toute la justice pénale.

6

La loi est l'expression de la volonté générale; tous les citoyens ont le droit de concourir personnellement ou par leurs

La constitution est la matière d'un problème scientifique, dont la solution s'impose à tous les esprits et qui ne ré-

| 1789 | 1833 |

représentants à sa formation. Elle doit être la même pour tous, soit qu'elle protège, soit qu'elle punisse. Tous les citoyens étant égaux à ses yeux, sont également admissibles à toutes dignités, places et emplois publics, selon leur capacité et sans autre distinction que celle de leurs vertus et de leurs talents.

clame le suffrage populaire que comme un signe d'assentiment à la réalisation de l'ordre social. — L'éducation intégrale pour tous, la parité de situation économique et le principe électif appliqué à toutes les fonctions sont les moyens naturels de faire émerger de la masse les citoyens les meilleurs, c'est-à-dire les plus intelligents et les plus dévoués au bien commun.

7

Nul homme ne peut être accusé, arrêté ni détenu, que dans les cas déterminés par la loi, et selon les formes qu'elle a prescrites. Ceux qui sollicitent, expédient, exécutent ou font exécuter des ordres arbitraires, doivent être punis; mais tout citoyen appelé ou saisi en vertu de la loi, doit obéir à l'instant; il se

Les dispositions vicieuses des hommes étant le résultat fatal d'influences extérieures, le devoir de l'État est bien moins de perfectionner les moyens de répression que de tarir la source des délits et des crimes : l'inculture des intelligences, la misère sans merci, le spectacle des

1789	1883

rend coupable par la résistance.

dilapidations en haut lieu et de la coalition tacite des forts contre les faibles à tous les degrés de la hiérarchie sociale.

8

La loi ne doit établir que des peines strictement nécessaires, et nul ne peut être puni qu'en vertu d'une loi établie et promulguée antérieurement au délit, et légalement appliquée.

Sous un régime politique rationnellement institué, on ne peut plus vivre du vice; la population criminelle, qui d'ailleurs ne cesse de se restreindre, ne compte plus que des monstres, des fous, des cerveaux malades : ce sont des cas pathologiques à traiter.

9

Tout homme étant présumé innocent, jusqu'à ce qu'il ait été déclaré coupable, s'il est jugé indispensable de l'arrêter, toute rigueur qui ne serait pas nécessaire pour s'assurer de sa personne doit

Tout homme étant présumé innocent, jusqu'à ce qu'il ait été déclaré coupable, toute violence inutile exercée sur un prévenu par des agents de la force publique, toute parole injurieuse

1789

être sévèrement réprimée par la loi.

1883

proférée à son adresse par des magistrats, seront passibles de peines sévères.

10

Nul ne doit être inquiété pour ses opinions, même religieuses, pourvu que leur manifestation ne trouble pas l'ordre public établi par la loi.

Les religions sont tolérées; mais parce qu'étant issues de la superstition, elles ne peuvent se défendre de haïr un gouvernement qui prend la raison pour seul guide, et comme d'ailleurs elles constituent contre lui une puissance redoutable en même temps qu'ennemie, la prudence exige qu'il se prémunisse contre leurs hostilités.

11

La libre communication des pensées et des opinions est un des droits les plus précieux de l'homme; tout citoyen peut donc parler, écrire, imprimer

La libre communication des idées est conforme au droit; cependant comme l'erreur se propage avec autant de puissance que la vérité

1789

librement, sauf à répon-
dre de l'abus de cette li-
berté dans les cas prévus
par la loi.

1883

dans les intelligences incultes; comme d'ailleurs
la société ne peut, sans
être taxée de scepticisme
sur ses propres fonde-
ments, se laisser discu-
ter sans fin, il y a né-
cessité de surseoir à la
liberté de la presse, jusqu'à ce que l'instruction
universellement répan-
due rende toute sophis-
tique inoffensive.

12

La garantie des droits
de l'homme et du citoyen
nécessite une force publi-
que; cette force est donc
instituée pour l'avantage
de tous, et non pour l'u-
tilité particulière de ceux
auxquels elle est confiée.

Comme il importe que
les rôles ne soient pas
intervertis, il est utile
que les agents de la force
publique soient sans
cesse rappelés à la su-
balternéité de leurs fonctions, qu'ils gardent la
conscience de leur pas-
sivité et n'oublient ja-
mais que s'ils sont la
force, les citoyens repré-
sentent le droit.

13

1789

Pour l'entretien de la force publique et pour les dépenses d'administration, une contribution commune est indispensable; elle doit être également répartie entre tous les citoyens, en raison de leurs facultés.

1883

Tout ce qui est socialisable dans la quantité de travail que fournit un peuple doit être socialisé, parce que cette mesure produit ce triple avantage : égale répartition entre tous du tribut du travail dû à la société ; obstacle aux inégalités de fortune funestes à l'esprit démocratique; alimentation naturelle des revenus publics, sans le secours de l'impôt.

14

Chaque citoyen a le droit de constater par lui-même ou par ses représentants, la nécessité de la contribution publique, de la consentir librement, d'en suivre l'emploi, d'en déterminer la quotité, l'assiette, le recouvrement et la durée.

L'institution de l'impôt qui relève du régime parlementaire est transitoire comme lui. Jusqu'à ce qu'il y ait été suppléé, il sera tenu compte de ce principe : Quiconque ne subvient qu'à peine à ses premiers besoins est exempt de l'obligation de l'impôt,

1789	1883
	par cette raison que l'État ne peut lui restituer en échange rien qui vaille autant pour lui que d'apaiser sa faim.

15

1789	1883
La société a le droit de demander compte à tout agent public de son administration.	. . . .

16

1789	1883
Toute société dans laquelle la garantie des droits n'est pas assurée, ni la séparation des pouvoirs déterminée, n'a point de constitution.	Toute société qui n'est pas entièrement sortie de l'état de nature pour entrer dans la rationalité, est une société transitoire qui ne garantit qu'imparfaitement les droits.

17

1789	1883
La propriété étant un droit inviolable et sacré, nul ne peut en être privé, si ce n'est lorsque la nécessité publique, légalement constatée, l'exige	Le droit naturel de propriété étant par lui-même un droit vague et indéterminé, il appartient au législateur de décider sous quelles for-

1789	1883
évidemment et sous la condition d'une juste et préalable indemnité.	mes s'exercera ce droit. Comme d'ailleurs il n'y a pas de droit contre le droit, la propriété, en sa qualité de droit relatif, ne peut indéfiniment barrer le passage au droit absolu que réalise la société rationnellement constituée et qui seul confère à chacun des hommes la dignité effective de personne humaine.

ÉPILOGUE

Nous serions au désespoir qu'on se méprît sur les intentions de cet opuscule. Qu'on le sache bien, il ne demande pas qu'on se rue fiévreusement et éperdument dans les réformes; il pose le droit absolu, non pour en réclamer l'immédiate réalisation, ce serait de la démence, mais pour que la route soit éclairée de la lumière que l'idéal projette des profondeurs du lointain horizon.

Nous ne voulons que sortir des incohérences opportunistes. Nous reconnaissons légitimes les précautions lentes et sages, mais nous ne voudrions pas que, sous prétexte de circonspection, on quittât la voie droite, pour s'engager, faute d'y voir clair, sinon par perfidie, dans des chemins qui conduisent partout ailleurs que là où il faut aller.

Il est question de remanier la constitution; mais

s'ils veulent faire besogne qui vaille et qui dure, et non s'agiter stérilement, il est nécessaire que les membres du futur congrès ne légifèrent pas indépendamment ou même en sens inverse des principes.

L'un des objets que nous proposons encore est de donner à l'opinion une mesure précise, à l'aide de laquelle elle soit en état d'apprécier les crises sociales qui déjà appartiennent à l'histoire et de juger avec autorité la politique courante de manière à constituer un tribunal impersonnel dont les arrêts se fassent redouter.

Il est loin de notre pensée de blâmer indistinctement tout ce qui s'est fait en ces temps-ci. Si la signature des conventions passées avec les Compagnies de chemin de fer est un écart dont il faut redouter les suites, nous louons volontiers les efforts faits par le gouvernement pour répandre et assainir l'instruction publique.

Nos appréciations toutes philosophiques des institutions présentes provoqueront sans doute des clameurs, et nous serons accusés d'offrir une pâture à de détestables passions, de soulever les bas-fonds de la société. Nous ne fourbissons pas des armes pour les dégradés, quelles que soient les couches sociales où ils ont leur habitat; tout notre désir est qu'ils disparaissent comme tels, soit par régénération s'ils sont amendables, soit par extinction de

race si leur étiolement moral est irréparable. Au
reste, si nous jugeons vicieux l'usage actuel du
droit de propriété, nous n'en affirmons pas moins
que jusqu'à ce que l'œuvre de réorganisation soit
législativement accomplie, sous la poussée de l'esprit public, les biens sont légitimement à leurs propriétaires, et le vol reste le vol.

Nous ne venons pas aigrir les irritations, mais
plutôt les calmer. Lorsqu'on est en face de l'honnê-
teté, on se sent aussitôt rasséréné, même lorsqu'on
est dans l'obligation de compter avec elle ; c'est
l'effet, si nous ne nous abusons, que doivent pro·
duire ces pages. — Les malheureux se réjouiront
d'y voir qu'on leur restitue tous leurs titres, et,
persuadés que la fatalité seule, et non le vouloir des
hommes, leur impose leur dure destinée, que désormais, tout l'effort social s'emploiera à les en affranchir, ils consentiront à patienter. — Les heureux, de leur côté, ne peuvent que devenir moins
âpres et plus conciliants, lorsqu'ils apercevront que
leurs prétendus droits sont contestables à un point
qu'ils ne soupçonnaient pas, et rassurés d'ailleurs
sur leur situation, parce qu'ils comprendront que,
pour être radicales, les réformes ne s'effectueront
pourtant qu'avec ménagement, et que finalement,
eux et leur descendance, trouveront leur compte à
la rénovation du corps social, ils se laisseront ga-
gner à la contagion d'un patriotique dévouement aux
intérêts généraux.

Disons-le, pour notre soulagement et celui de tous ceux qui, comme nous, sont affamés de concorde et ne sauraient vivre dans une atmosphère de haine, tous, pauvres et riches, ministres, princes et valets, nous subissons la fatalité des circonstances qui nous ont fait ce que nous sommes ; nous valons peu ou beaucoup par l'influence du milieu dans lequel nous nous sommes développés ; il n'y a d'impitoyables que ceux qui ne comprennent pas ; prenons donc l'intelligence de cette loi de notre nature morale. Il ne faut que convertir par la propagande des doctrines, sans désespérer de leur conquérir de généreux apôtres, même dans les classes favorisées du sort. L'idée est plus forte que l'intérêt de fortune et que l'orgueil de race ; quand elle s'est emparée d'une intelligence, elle la subjugue entièrement, lui imposant les suprêmes sacrifices. Quant à nous, nous ne pouvons croire qu'en ce noble pays de France, ce pays qui, mieux qu'aucun autre, sait associer l'indomptable fierté des cœurs et les sentiments égalitaires, tout le droit s'engloutisse dans le goût effréné des jouissances, sous la condition expressément voulue, mais d'une détestable volonté, si elle devenait consciente d'elle-même, de l'avilissement à perpétuité des dernières classes.

3069-83. — Imprimerie D. BARDIN et Cᵉ, à Saint-Germain.